URBAN SPACE
STADT RAUM
SPAZIO URBANO

BRENNER
WILDGRUBE
BIERMANN

Klaus Theo Brenner · Konzept
Rene Wildgrube · Fotografie
Dirk Biermann · Gestaltung
Christian Sauer · Mitarbeit

Klaus Theo Brenner

DIE ARCHITEKTUR DER STADT

»Während Sarrazin am Morgen vom Bahnhof aus ein Taxi genommen hatte, ging er nun zu Fuß durch die Innenstadt. Obwohl der Krieg inzwischen schon zwanzig Jahre zurücklag, war die Verlässlichkeit nicht wieder entstanden, die gewachsene Städte einmal ausgemacht hatte. Vielleicht würde man hier in Deutschland nie mehr den Eindruck haben können, die Straßen, durch die man ging, habe es eigentlich immer schon gegeben. So wie einen selbst, dachte Sarrazin und schüttelte lächelnd über sich selbst und seine bürgerlichen Sehnsüchte den Kopf. Dass es Plätze immer gäbe und damit die Geschäfte, die sich auf sie öffnen, Straßen und damit Adressen, an denen man auffindbar ist. Nichts davon war hier mehr spürbar, die Altstadt verschwunden mit ihren engen Gassen und Fachwerkhäusern, und die Architektur der 50er Jahre schien ihm schon jetzt wie Spielzeug, in ihrem hübschen Pastell höchst vorläufig inmitten der vielen Brachflächen, die es noch immer gab. Es war fast Mittag, und in der Leere spielte die Sonne mit klaren Schatten.«
Thomas Hettche, *Der Fall Arbogast*, Kriminalroman, Köln 2010

Der Allgemeinplatz, dass die Architektur den städtischen Raum bildet, wird durch die Praxis unseres planerischen Alltags und die Realität von Stadtauflösung und Stadtzerstörung infolge einer Moderne, deren Avantgardewahn sich nach wie vor darin erschöpft, genau das nicht zu machen, was die Geschichte der europäischen Stadtkultur bis in die 1920er, 30er Jahre des vergangenen Jahrhunderts ausmachte und eben diesen Allgemeinplatz hervorgebracht hat, ad absurdum geführt. Statt Straße, Platz, Haus und Garten smarte Baukonglomerate in den Raum gestreut (das Modell des Green-Living) oder das ominöse Objekt (All-Is-Possible-Design) als Lückenfüller oder Landmark. Die Bilder dieses Buches sind nicht einmal im Ansatz nostalgisch gemeint; sie stehen auch nicht für eine bessere Welt, was die sozialen und ökonomischen Verhältnisse angeht, die hinter all diesen Bildern stehen. Diese Bilder stehen ganz für sich und sprechen von der Faszinationskraft der Stadtarchitektur und deren Zeitlosigkeit als Maßstab für unser Handeln als Architekten heute. Damit soll von vorneherein jede Debatte ausgeschlossen werden, die naiv das Neue gegen das Alte, das Zeitgemäße gegen das Unzeitgemäße, das Gute und das Schlechte gegeneinander auszuspielen versucht, wie das die »Modernen« ebenso perfekt beherrschen wie die »Romantiker«. Mit Bezug auf Colin Rowe, der sich wiederum auf Popper beruft, geht es, von der Erkenntnis ausgehend, dass es keinen Fortschritt gibt ohne Erinnerung, um eine, so könnte man sagen, Utopie der guten Stadt, die von einem aufgeklärten Traditionalismus ebenso ausgeht wie von einem relativierten Fortschrittsglauben, wobei gerade Letzterer sich unter Architekten als besonders hartnäckig herausstellt, da er verwirkt und verwoben ist mit der Logik und digitalen Macht des zeitgenössischen Marketingapparats. Geschmacksdiktatur im Weltformat, das gilt nicht nur für H+M, Kleider und Autos, sondern auch für Architekturmarken aller Couleur, die eigentlich in Europa lediglich als Reflex wahrgenommen werden, der aus den großen Absatzmärkten im chinesischen und arabischen Raum herüberstrahlt, und trotz der Entfernung und kulturellen Unvergleichbarkeit der Themen in Form publizistischer Meteoriteneinschläge (auch unter aktiver Mithilfe der Architekturzeitschriften) das Bewusstsein ganzer Architektengenerationen vernebelt. Diese geradezu sphärische Dimension des aktuellen Architektengeschäfts überstrahlt (oder verstrahlt) im wahrsten Sinne des Wortes alles, was die europäische (vielleicht ja auch die chinesische?) Stadtarchitektur über Jahrtausende geprägt hat – nämlich den Bezug zum Ort und die am Ort verankerte kulturelle Evolution in all den faszinierenden Erscheinungsformen ihrer Stadtgestalt.

Es ist aus heutiger Sicht ein bemerkenswertes Phänomen, wie die im »Raumstress« (Sloterdijk) der Europäischen Stadt in Folge der Ideologie der Moderne und der Nachkriegszeit stehenden Architekten und Architekturtheoretiker der 1970er und 80er Jahre (Rossi, Rowe, Ungers, Kleihues, Krier und andere), die vor allem den Geschichtsverlust und die daraus resultierende Stadtzerstörung beklagten (und zwar auf einem für Architekten durchaus anspruchsvollen konzeptionellen Niveau), hinweggefegt wurden von dem, was wir oben als kosmische Strahlung beschrieben, die im Wesentlichen aus Smart-City-Bildern besteht. Colin Rowe hätte von Disneyland gesprochen und die benebelnde Wirkung dieser Bilder mit dem »Griff zur Flasche« verglichen.[1]

Wenn wir vor diesem Hintergrund die »Trinker« in die Sphäre von Kunsthandwerk und Design entlassen, bleiben zwei Gruppen von Architekten, nennen wir sie »Hasen« und »Igel«. Während die »Hasen« als Technokraten der Planung auf der Höhe der Zeit, aber ohne kulturelle Bindung (oder Bildung) die eine Seite des aktuellen Entwerferprofils repräsentieren (und damit um die Welt rasen), stellen die »Igel« dazu das Gegenbild dar: Entwerfer, die den architektonischen Entwurf über alle technischen und organisatorischen Belange hinaus als ein kulturelles Projekt begreifen, das sich im Kontext von Geschichte und Typologie sowie im Verhältnis zur Civitas, d.h. dem sich kontinuierlich verändernden städtischen Leben und seinen baulichen Artefakten, eines Ortes definiert. Neben ihrem eher traditionellen Architekturverständnis zum Verhältnis zwischen Objekt und Stadt (das eine bedingt das andere und umgekehrt) verkörpern die »Igel« auch so etwas wie die Langsamkeit – eine Langsamkeit, die allerdings durch intelligente Planung im Sinne von dauerhaften stadt- und sozialverträglichen Lösungen, die wohl auf längere Sicht auch wirtschaftlicher sind als andere, kompensiert wird. Langsamkeit hat auch etwas mit Beharrungsvermögen zu tun, nämlich auf kulturelle Fragestellungen zu beharren, die im Zuge einer rein pragmatischen Umsetzung von städtischen Projekten (ganz zu schweigen von Smart-City-Phantasien) leicht ins Hintertreffen geraten. Da der bauliche Zustand der Stadt (und um den wird es ja in Zukunft vorwiegend gehen) heute grundsätzlich ein problematischer ist, der sich zusehends stereotypen oder auch konventionellen Klassifizierungen entzieht, kommt den Architekten, soweit sie »Igel« sind, die schwierige Aufgabe zu, nicht nur intelligente Lösungen für komplexe Probleme anzubieten, sondern deren Schlüssigkeit und Tragfähigkeit rational zu begründen und von Fall zu Fall analytisch aus einem vielschichtigen Kontext herzuleiten. Zu diesem Kontext gehört auch die Geschichte der Stadtarchitektur mit ihren typologischen und morphologisch Merkmalen. Stadtarchitektur ist – anders als etwa ein Auto – als ein vom Design überformtes »Werkzeug« nach Adolph Behne eher als »Spielzeug«[2] zu betrachten, also ein mit dem kulturellen Kontext kommunizierendes und nach bestimmten Regeln in ihm verankertes Element. Unter diesen Voraussetzungen ist der architektonische Entwurf grundsätzlich rational erklärbar; gleichzeitig aber ist der Entwerfer insofern ein Spieler, als er mit Phantasie und kreativer Intelligenz die Regeln zu interpretieren und bisweilen mit überraschenden Lösungen zu provozieren weiß, die immer wieder auf's Neue die Debatte um die Architektur der Stadt entfachen und beflügeln. In diesem – nennen wir es – »Stellungsspiel« der

Stadtarchitektur geht es natürlich nicht einfach darum, historische Beispiele zu kopieren (im Sinne der Postmoderne der 1980er Jahre), sondern die Geschichte mit ihren faszinierenden Beispielen ganz selbstverständlich als Bühnenhintergrund unserer intellektuellen und kreativen Handlung zu akzeptieren. Darin besteht in der heutigen Situation einer expandierenden Stadtverelendung die eigentliche Revolution im Denken und Handeln von Architekten gegenüber einer veralteten ideologischen Moderne, die ungebrochen im Fortschrittswahn verharrt.

Straßen, Plätze, Häuser (mit Hof und Garten) konstituieren auf allen hier gezeigten Bildern den städtischen Raum – in Nordafrika, Nord- und Südeuropa oder in Nordamerika. Die Zahl der Bilder und Orte (hier in Form einer spezialisierten Postkartensammlung in Bromsilberdruck und handwerklich anspruchsvoller Fototechnik aus der Zeit um 1910 bis 1930) ließe sich beliebig erweitern. Es sind schöne alte Bilder; sie erzählen bei aller Unterschiedlichkeit und durch ihre atmosphärische Faszinationskraft hindurch von den Baugesetzen des städtischen Raumes, eben vom »Stellungsspiel« mit all seinen Variationsmöglichkeiten in Stil, Typus und Dimension. Wir sehen Straßen und Plätze, die öffentlichen Räume, als Referenzräume alles Gebauten und als Aufenthalts- und Bewegungsräume der Stadtbewohner. Wir sehen Häuser als erkennbare Individuen (schmal und breit, niedrig und hoch, arm oder reich), die den öffentlichen Raum begrenzen und gestalten und deren Fassaden mit Basis und Eingang, einer individuellen Fassadenstruktur und einer wie auch immer gestalteten Dachzone viel mehr darstellen als simple Baukörper oder Raumgrenzen, nämlich wahrhaftige Kulissen des städtischen Theaters in allen nur denkbaren Erscheinungsformen.

Der private Raum ist die Wohnung hinter der Fassade und die Höfe und Gärten hinter den Häusern. Wenn all das, was wir sehen, in seinem grammatikalischen Gehalt und in der Systematik der architektonischen Ordnung zwischen Stadtraum und Stadthaus nicht so einfach und geradezu elementar wäre, wäre diese auffällige Permanenz der stadträumlichen Erscheinung bei aller Vielfalt über Raum und Zeit nicht vorstellbar. Beim Vergleich der Bilder (die wir als eine Art Systemkatalog städtischer Architektur lesen, hinter dem sowohl eine jeweils spezifische Geschichte als auch bestimmte Verfasstheit der gesellschaftlichen Verhältnisse steht) fällt sofort der Reichtum an theatralischer Dramaturgie, mit der das elementare Systemwerk der Stadtarchitektur in Szene gesetzt wird, ins Auge. Das Spiel der ornamentalen Stilmittel in Beziehung zu Material und Tektonik der Häuser und ihrer Fassaden, die Fassade selbst als Mittel der Kommunikation und Repräsentanz, die Dimension der Häuser im Rhythmus der Raummelodie, ihre Dachform als figurgebendes und -prägendes Element und die Höhe der Häuser zwischen erdgebunden und himmelhoch – all diese Elemente zusammen ergeben den jeweils charakteristischen Stadtraum. Den Stadtraum nicht als leeres Gefäß, sondern mit allen Mitteln der Baukunst als Bühne des Stadtlebens aufgewertet, das dadurch zum Stadttheater wird.

Gerade diese interpretatorische Vielfalt einer auf Wirkung inszenierten elementaren Konstellation (Stadt-Straße-Haus) lässt neben der grundlegenden Einsicht, dass die konstituierenden Elemente der Stadtarchitektur heute genauso uneingeschränkt gültig sind, wie die Moderne vor fast 100 Jahren (kurz nachdem die meisten der abgebildeten historischen Stadtansichten produziert wurden!) ihre Abschaffung postuliert hat, eine Hoffnung aufleben – nämlich die auf die Interpretationsfähigkeit der Elemente der Stadtarchitektur für heutige Bedürfnisse, unter Berücksichtigung aktueller Tendenzen der Stadtverdichtung und des Landschaftsschutzes, der ökologischen Nachhaltigkeit und der Eindämmung des Individualverkehrs (um nur einige zu nennen), ohne dass, wie im Falle der autogerechten Stadt geschehen, ein Teilargument benutzt wird, um die Architektur der Stadt komplett in Frage zu stellen (die Gefahr des Antistädtischen verbreitet sich aktuell auch mit der sogenannten Öko-Architektur). Die Ideologisierung und der Kult des scheinbar »Zeitgemäßen« auf Kosten der Stadt und ihrer Architektur ist hier das Problem, seitdem die Moderne den Mythos des Edlen Wilden, der im offenen Automobil durch grüne Auen fährt, geschaffen hat. Diese absurde Vorstellung ist heute, nach 100 Jahren, die wir dem Edlen Wilden gewidmet haben, ebenso obsolet, wie die Bilder in diesem Buch aktuell sind, die vor 100 Jahren fotografiert wurden und Stadträume zeigen, die in Jahrtausenden ihre Eigenart entwickeln konnten, ohne dass die Grundregeln der Stadtarchitektur jemals grundsätzlich angezweifelt worden wären.

Die Hoffnung auf Wiederbelebung der Stadt und ihrer Architektur im Zeichen interpretatorischer Freiheit im Spiel mit den Regeln und im Sinne von Freiheit der Inszenierung von Stadtraum und seiner materiell-ästhetischen Charaktereigenschaften (ganz zu schweigen von der völligen Freiheit in der Organisation des privaten Wohnraums im Haus) eröffnet einen großen Spielraum im Sinne von Modernität. Modernität hinsichtlich der Erfüllung heutiger Qualitätsanforderungen an Stadthaus und Stadtraum, gemessen an historischen Vorbildern und Typologien – unter der allumfassenden Herausforderung allerdings, den Entwurf des städtischen Hauses bedingungslos in den Dienst seiner Wirkung auf den öffentlichen Raum zu stellen und den öffentlichen Raum als das Kernthema der Stadtarchitektur zu reaktivieren.

Es gab sie ja bereits, die Andere Moderne mit Architekten und Namen wie Lubetkin, Perret, Roux-Spitz, Poelzig, Höger, Bonatz, Schmitthenner oder eben den Mailändern: Muzio, Ponti, Portaluppi, De Finetti und anderen, die allerdings der Propaganda und insbesondere der immer wieder scheinbar unvermeidbaren Schematisierungs- und Banalisierungstendenz, die jeder Massenbewegung innewohnt (und dazu zählen wir auch die ideologische Moderne), zum Opfer gefallen und unter den Teppich der Geschichte gekehrt worden ist. Mailand, genauer die Innenstadt von Mailand, die in den 20er und 30er Jahren des 20. Jahrhunderts (also etwa zeitgleich zum Verkauf der hier gezeigten Postkarten) radikal umgestaltet wurde, steht symbolisch nicht nur für das, was wir Andere Moderne nennen, sie steht auch für all das, was wir oben als Interpretationsraum der zeitgenössischen Architektur im Sinne von Modernität beschrieben haben. Eine Modernität, die weiterdenkt, ohne die Stadt als architektonisches Phänomen im Sinne kultureller Tradition auszumerzen. Aus dieser Sicht ist Mailand (heute die große Modestadt) neben New York eine der großen Metropolen der modernen Stadtarchitektur. Die Fotos von Rene Wildgrube von 2010, in moderner HDR-Digitaltechnik verarbeitet, knüpfen in ihrer Sichtweise und den szenischen Eigenschaften ebenso an die Qualität der historischen Stadtpostkarten an, wie die Architektur der Mailänder Architekten die Qualität historischer Stadtarchitektur fortsetzt, ohne aus der eigenen Zeit zu fallen. Stadt und Bild, Stadt und Architektur bilden ein Kontinuum, das zwischen der Vergangenheit und der Zukunft die Utopie von der schönen Stadt in sich trägt, wobei die Regeln das Spiel und das Spiel mit den Regeln, im Sinne der permanenten Mutation eines kulturellen Phänomens, das Handeln bestimmen.

Der neben den Bildern gezeigte Entwurf MILANO CONTINUITÁ – i giardini di Porta Romana, der im Jahre 2009 mit Studenten an der Potsdam School of Architecture erarbeitet wurde, verdeutlicht exemplarisch in Form einer systematischen Entwurfsmethode das Potential einer modernen Stadtarchitektur im »Stellungsspiel« zwischen Stadtstruktur, öffentlichem Raum und Stadthaus.

1 Colin Rowe, Fred Koetter, *Collage City*, Bosel, Boston, Stuttgart 1984
2 Adolph Behne, *Der moderne Zweckbau*, Frankfurt/Main 1964

«In the morning Sarrazin took a taxi from the train station, but now he went by foot through the downtown area. Although the war had already been over twenty years ago, the sense of reliability vibrant cities once conveyed was no longer there. Perhaps one might never again have the impression that the streets one travelled here in Germany had been there forever. Like me, Sarrazin thought, laughing bemusedly about himself and his bourgeois yearnings, for the old familiar squares lined with shops, and the streets with addresses where everyone could eventually be found. Nothing like that was in evidence; the historic downtown had disappeared, with its narrow alley ways and timber frame houses. The buildings of the 1950s looked to him like toys, tentative structures in pretty pastel colours amidst the many brownfields which still remained. It was almost noon and the sun drew clear shadows in the emptiness.»

Thomas Hettche, *Der Fall Arbogast*, Kriminalroman, Köln 2010

Although it is a commonplace that architecture shapes the urban space, exactly that has not been happening, to judge by the practice of day-to-day planning and the reality of urban disintegration in the wake of a deluded Modern, still exhaustively clinging to the avant-garde. What characterized the history of European urban culture through the 1920s and 30s and what in fact advanced that very commonplace, was systematically ignored. Chic built conglomerates (the Green-Living model) strewn through space instead of streets, plazas, houses and gardens or the ominous All-Is-Possible-Design object as stopgap or landmark. The pictures in this book are not meant in the slightest nostalgically, nor do they represent a better world in terms of the social and economic relations they convey. These pictures stand on their own and reflect the power of fascination of urban architecture and its timelessness as gauge for our action as architects today. That should preclude from the beginning any debate which naively pits the new against the old, the contemporary against the out of fashion, or the good and the bad, as the «Moderns» as well as the «Romantics» can so perfectly. In reference to Colin Rowe, who in turn refers to Popper, the idea is that there is no progress without a harkening back to a utopia of the good city, which assumes both an enlightened traditionalism and a relativized belief in progress. Among architects, the latter has proven to be remarkably intractable, intertwined and compromised as it is with the logic and digital lock of the ruling marketing apparatus. Top-down dictatorship of taste, not just that of H+M, clothing and automobiles, but also for all shades of architectural brands emanatingfrom the great Chinese and Arab markets are followed by reflex in Europe. This feat has been accomplished, in spite of the distance and cultural incompatibility of the subject matter, through the impact of journalistic meteorites, not without the active participation of architectural magazines, stultifying the mind-set of entire generations of architects. This almost spherical dimension of the contemporary business of architecture outshines or better, contaminates, in the truest sense of the word, everything which has characterized the European and perhaps also the Chinese urban architecture over millennia – namely the connection to the location and the culture tied to that location, in all the fascinating permutations of urban design.

Looked at today, it is a remarkable phenomenon how the architects and architecture theoreticians of the 1970s and 80s (Rossi, Rowe, Ungers, Kleihues, Krier and others) were swept away in the for the most part in the blow-back from Smart-City images. Under the influence of the spatial stress (from Sloterdijk's «Raumstress») of the European city induced by Modern ideology and the post-World War II period, they deplored the historical loss and resulting urban destruction. A critique, for architects, at a consistently high conceptual level. Colin Rowe would have referenced Disneyland in this regard and spoken of the numbing effect of these images as «grasping for the bottle».[1]

If we dismiss the «drinkers» in the realm of the handicrafts and design, two groups of architects remain. We shall call them the «rabbits» and the «hedgehogs». At the pinnacle of planning without the cultural ties (or education) the technocratic «rabbits», racing around the world, represent one side of the current designer profile. The hedgehogs pose the opposite example: designers who beyond all technical and organizational concerns understand the architectural design as a cultural project, defined by the context of history, typology and relationship to the civitas, that is the continuously changing urban life and built artefacts of a given location. In addition to their more traditional understanding of architecture in the relationship between built object and city (the one determining the other and vice versa) the «hedgehogs» embody what can be called a slowness, which however by intelligent planning in the sense of enduring urban and socially compatible solutions, pays back more than any other approach in the long run. Slowness also has to do with persistence, persistence in posing cultural questions, which in the course of purely pragmatic realization of urban projects (let alone Smart City fantasies) easily falls by the wayside. The urban state of repair is often today, as it will be in the future, basically problematic, defying stereotypes or even conventional classifications. Under those conditions, the architects, to the extent they are «hedgehogs» not only have the difficult task of offering intelligent solutions for complex problems. They must also demonstrate their conclusiveness and sustainability on a case by case basis deduced analytically from a multilayered context. The history of urban architecture, with its typological and morphological characteristics, also belongs in this context. Urban architecture is something different from an automobile. As a «tool» defined by design according to Adolph Behne it is more to be perceived as a «toy»[2], which communicates with the cultural context, constituting a fixed element according to certain rules. Under these conditions the architectural design is basically rationally explainable. At the same time the designer is playful in the sense that he interprets the rules with fantasy and creative intelligence, sometimes provoking with surprising solutions, continuously fuelling anew the debate about architecture in the city. Of course in this kind of «jockeying for position» in urban architecture, what is called for is not simply a copying of historical examples (in the sense of the 1980s Postmodern). It is more a matter of very naturally accepting history with its fascinating examples as a backdrop for our intellectual and creative action. In the current situation of a spreading urban decay this is the real revolution in architectural thought and practice in contrast with the antiquated ideological Modern, which continues to cling to its obsession with progress.

In all the pictures shown here, streets, plazas, houses (with courtyard and garden) make up the urban space, in North Africa, Northern and Southern Europe, or North America. The number of pictures and locations, in the form of a specialized collection of postcards printed in silver bromide and displaying sophisticated photographic technique from the period of 1910 to 1930, can be easily expanded. They are beautiful, older pictures; in all their diversity and by virtue of their atmospheric power of fascination they tell their stories of the construction regulations of urban space, even of the «jockeying for position» with all its possibilities for variation in style, type and dimension. We see streets and plazas, the public spaces as frames of reference for everything built and for the enjoyment of the urban dweller. We see houses as discrete individuals (narrow and wide, low and high, rich or poor), which define and design the public space, whose façades with foundation and entryway constitute an individual façade structure and however it is designed, a roof area which far more than simple structural shells or spatial boundaries together represent the true scenery of the urban theatre in every conceivable form of appearance.

The private space is the dwelling area behind the façade and behind it the courtyards and gardens. If everything that we see, in its grammatical substance and system of architectural order between public space and private home were not so simple and almost elementary, this striking permanence of the urban appearance in all its variability in space and time would be unimaginable. In a comparison of the pictures, which we read as a kind of system catalogue of urban architecture, behind each individual history, which stands as well for the state of the social relations, what becomes immediately apparent is the wealth of dramaturgy with which the elementary system facility of urban architecture is staged for the beholder. The interplay of ornamental stylistic devices in connection with material and tectonics of the houses and their façades, the façades themselves as means of communication and representation, the dimension of the houses in the rhythm of the spatial melody, their roof form as figure shaping and formative element and the height of the houses ranging from earth-bound to heavenwards, all these elements together yield a characteristic urban space. Urban space not as an empty vessel, but with the entire art of construction is uplifted as the stage of urban life, which thereby is transformed into urban theatre.

It is precisely this interpretative diversity of an elementary staged city-street-house constellation that leads to a basic insight: the constituent elements of urban architecture are just as completely valid today It was the onset of the Modern, almost 100 years ago, shortly after which most of the shots of historical city scenes were made, which postulated the abolition of the elements of this wise insight of today.That means there is hope for the capacity for interpretation of urban architectural elements for contemporary needs, in consideration of current tendencies of intensified urbanization and landscape protection, ecological sustainability and the containment of private transport, to name only a few. This can be achieved without, as in the case of the car-friendly city, resorting to a partial argument which questions completely the architecture of the city (the anti-urban bias is currently spreading just as quickly with the so-called ecological architecture). The ideologizing and the cult of the apparently «up-to-date» at the expense of the city and its architecture is the problem since the creation by the Modern of the myth of the Noble Savage, motoring through meadows of green in an open automobile. This absurd idea of the Noble Savage is just as obsolete now as it was 100 years ago. On the other hand, the pictures in this book taken 100 years ago, showing urban spaces which developed over thousands of years without ever questioning the basic rules of urban architecture, are not.

The hope for a rejuvenation of the city and its architecture as a reflection of interpretative freedom to play with the rules and exercise a freedom for the staging of the urban space and its material-aesthetic characteristics, (without mentioning the complete freedom in the organisation of the private living space within the house) creates a wide latitude for modernity. Modernity means the fulfilment of today's quality demands for city dwellings and urban space, as measured by historical examples and typologies – however with the all-encompassing challenge to place the design of the urban dwelling without condition in the service of its effect on the public space, so that the public space once again becomes the core issue of urban architecture.

This has already existed in the form of the Other Modern with architects with names like Lubetkin, Perret, Roux-Spitz, Poelzig, Höger, Bonatz, Schmitthenner or even the Milanese: Muzio, Ponti, Portaluppi, De Finetti and others. But they became easy prey for propaganda and were especially prone to the apparently unavoidable schematization and banalization which characterizes many mass movements (and we include here the ideological Modern) and so end up in the dust bin of history. Milan, more precisely the downtown area of Milan, which in the 1920s and 30s (approximately at the same time as the postcards to be seen here) was radically redesigned, represents not only that which we call the Other Modern, but also everything that we have described above as the room for interpretation of contemporary architecture in the sense of modernity. A modernity that thinks ahead, without obliterating the city as architectural phenomenon in the sense of cultural tradition. From this standpoint the great fashion city of Milan is, next to New York, one of the great metropolises of modern urban architecture. From their point of vantage and scenic quality, the photographs taken by Rene Wildgrube in 2010 in modern HDR digital technology reflect the quality of the historic city postcards, just as the architecture of the Milanese architects reflects the quality of historical urban architecture, without falsifying its era. City and image, city and architecture form a continuum, which between past and future bears within it the utopia of the beautiful city, where the rules governing the play and the play with the rules in the sense of the on-going mutation of a cultural phenomenon determine the action.

In addition to the pictures, the design for MILANO CONTINUITÁ – i giardini di Porta Romana, which was worked up in 2009 with students at the Potsdam School of Architecture in the form of a systematic design method, shows the potential of a modern urban architecture in the «jockeying for position» between city structure, public space and urban dwelling.

1 Colin Rowe, Fred Koetter, *Collage City*, Bosel, Boston, Stuttgart 1984
2 Adolph Behne, *Der moderne Zweckbau*, Frankfurt/Main 1964

»Sarrazin quella mattina aveva preso un taxi dalla stazione, ma decise poi di attraversare il centro a piedi. Nonostante la guerra fosse finita ormai da almeno vent'anni, non era più tornato quel senso di sicurezza che aveva caratterizzato prima le città. Forse qui in Germania non si sarebbe più potuta avere l'impressione che le strade abitualmente percorse ci fossero state da sempre. Come capita con se stessi, pensò Sarrazin, e scosse il capo sorridendo di sé e delle sue nostalgie borghesi. Che ci siano sempre state le piazze, e con loro i negozi che vi si affacciano, le strade con gli indirizzi a cui si viene trovati. Nulla di tutto questo era più percepibile qui, era scomparsa la città vecchia con i suoi vicoli stretti e le case di ringhiera, e l'architettura degli anni Cinquanta gli sembrava già ora un giocattolo dai bei colori pastello che risaltavano nella loro estrema provvisorietà tra le molte aree ancora incolte. Era quasi mezzogiorno, e il sole giocava nel vuoto con ombre ben definite.«
Thomas Hettche, *Der Fall Arbogast*, Romanzo giallo, Colonia 2010

Il luogo comune secondo cui l'architettura costruisce lo spazio urbano viene smentito con la pratica della nostra pianificazione quotidiana in cui la disgregazione e la distruzione della città sono di fatto conseguenza di una Modernità il cui delirio avanguardista si è mosso in direzione diametralmente opposta rispetto alla storia della cultura urbana europea; cultura che fino agli anni Venti e Trenta aveva determinato proprio questo luogo comune. Invece di strade, piazze, case e giardini, lo spazio è disseminato di conglomerati eleganti, secondo il modello del Green-Living, oppure di oggetti inquietanti (All-Is-Possible-Design) come riempitivi o tratti distintivi. Le immagini di questo libro non hanno mai un'accezione nostalgica; non vogliono nemmeno evocare un mondo migliore riferito alle realtà economiche e sociali sottese alle fotografie mostrate. Queste immagini vanno viste in sé e per sé, perché parlano della forza d'attrazione esercitata dalla dimensione a-temporale dell'architettura urbana come parametro di riferimento per esercitare la nostra professione di architetti oggi. Con questo si vuole sgomberare subito il campo da qualsiasi dibattito inteso a contrapporre semplicisticamente il nuovo al vecchio, il bene al male, o distinguere ciò che sembra adeguato al proprio tempo da quanto sembra inappropriato, cosa che i »Moderni« gestivano perfettamente quanto i »Romantici«. Per dirla con Colin Rowe, che a sua volta si rifaceva a Popper, si tratta di partire dal presupposto che non sia possibile alcun progresso disgiunto dalla memoria di quella che potremmo definire un'utopia della »città buona«, che trova le sue radici sia nella tradizione illuminista, sia nell'adesione a un'idea relativizzata di progresso. Proprio quest'ultima si presenta in modo particolarmente ostinato nel mondo degli architetti, dato che è indissolubilmente legata alla logica del potere digitale degli attuali meccanismi di mercato. La dittatura del gusto in formato globale non riguarda solo H&M, vestiti e automobili, ma anche marche architettoniche di ogni genere e sorta, che in Europa vengono prese in considerazione come riflesso che fa capolino dai mercati in ascesa cinesi e arabi e che, nonostante la distanza e l'impossibilità di mettere i temi a confronto sul piano culturale, annebbia la coscienza di intere generazioni di architetti, sferrando attacchi mediatici fulminei (anche avvalendosi della complicità attiva delle riviste di architettura). Questa dimensione ormai globale dell'attuale mercato architettonico abbaglia (o acceca) in senso letterale tutto quello che l'architettura europea (e forse anche cinese?) delle città ha permeato per millenni, ovvero il rapporto con il luogo e con l'evoluzione culturale ancorata al luogo, in tutte le affascinanti manifestazioni della sua forma urbana.

Un fenomeno, oggi, ci colpisce particolarmente: vedere come la cosiddetta »corrente cosmica«, che in Occidente è costituita da immagini di »Città Intelligenti« (Smart City), ha spazzato via architetti e teorici dell'architettura degli anni Settanta e Ottanta (Rossi, Rowe, Ungers, Kleihues, Krier e altri), che si trovavano immersi in quello che Sloterdijk definiva »stress da spazio« che permeava le città europee sulla base dell'ideologia della modernità e del dopoguerra. Erano proprio quelle stesse figure soprattutto a denunciare (peraltro a un livello concettuale certamente ambizioso per gli architetti) la perdita della dimensione storica e della distruzione della città che ne derivava. Colin Rowe avrebbe evocato Disneyland, paragonando l'effetto di annebbiamento di queste immagini con quello dell'ubriacatura.[1]

Se su questo sfondo noi releghiamo i »bevitori« alla sfera dell'artigianato e del design, restano due categorie di architetti, che soprannomineremo »lepri« e »ricci«. Mentre le »lepri« – in veste di tecnocrati della pianificazione certamente al passo coi tempi ma privi di un legame (o una formazione) culturale – rappresentano un lato del profilo progettuale odierno (e girano, infatti, come trottole per il mondo), i »ricci« esprimono l'atteggiamento diametralmente opposto: sono progettisti che intendono l'architettura, al di là di tutte le questioni tecniche e organizzative, come un progetto culturale che si definisce nel contesto della storia, della tipologia e nella relazione che intrattiene con la Civitas, ovvero con le evoluzioni costanti della vita della città e con gli artefatti architettonici di un luogo. Accanto alla loro concezione piuttosto tradizionale di architettura, che pone oggetto e città in un rapporto di reciproca subordinazione, i »ricci« si distinguono anche per una sorta di lentezza, caratteristica che viene compensata da percorsi progettuali meticolosi, volti a fornire soluzioni durature e sostenibili sia a livello urbanistico che sociale e che, alla lunga, sono anche più economiche. La lentezza ha in sé anche qualcosa della perseveranza, cioè la capacità di soffermarsi su interrogativi di carattere culturale, che un'applicazione solo pragmatica di progetti urbani (per non parlare delle fantasie legate all'idea di Smart-City) rischierebbe di far scivolare troppo facilmente in secondo piano. Dato che la città oggi versa in condizioni particolarmente problematiche (e soprattutto di queste ci si dovrà occupare in futuro) che si sottraggono decisamente agli stereotipi o alle classificazioni convenzionali, gli architetti – nella misura in cui operano come »ricci« – si trovano di fronte al difficile compito non solo di individuare soluzioni intelligenti per problemi complessi, ma anche di motivarne razionalmente la validità e la portata, deducendole da un contesto diversificato che va analizzato caso per caso. Di questo contesto fa parte anche la storia dell'architettura della città con le sue caratteristiche tipologiche e morfologiche. L'architettura della città è qualcosa di diverso da un'automobile, da uno »strumento« plasmato dal design (che Adolph Behne considera piuttosto come un »giocattolo«)[2], ovvero un elemento che comunica con il contesto culturale e che resta ancorato alle regole precise che lo governano. Con questi presupposti il progetto architettonico è spiegabile in termini sostanzialmente razionali; allo stesso tempo, però, il progettista è anche un giocatore, nella misura in cui sa interpretare le regole con fantasia e intelligenza creativa proponendo soluzioni sorprendenti, capaci di provocare e di continuare a riaccendere il dibattito sull'architettura della città. In questo che potremmo definire »assestamento« dell'architettura urbana, non si tratta solamente di copiare esempi storici (come avveniva nell'ottica postmoderna degli anni Ottanta), ma di accettare con naturalezza la storia con i suoi esempi affascinanti, quale sfondo per i nostri interventi intellettuali e creativi. In questo consiste, allo stato attuale di progressiva dissoluzione della città, la vera rivoluzione nel pensiero e nell'intervento degli architetti di fronte a un'ideologia invecchiata del Moderno che arranca nel suo delirio progressista.

Strade, piazze, case (con corti e giardini) costituiscono, in tutte le immagini mostrate qui, lo spazio urbano in Nord-Africa, nell'Europa del Sud e del Nord, come anche in Nord America. Il numero di immagini e di luoghi (qui presentati nella forma di una collezione di cartoline stampate al bromuro d'argento e con le tecniche manuali più impegnative di stampa fotografia del periodo che va dal 1910 al 1930) potrebbe essere ampliato a piacimento. Sono fotografie belle e antiche; pur in tutta la loro diversità e grazie al potente fascino delle loro atmosfere, sanno restituire le leggi architettoniche che regolano lo spazio urbano e, in particolare, quella sorta di »assestamento« con tutte le possibili variazioni di stile, tipologia e dimensione. Vediamo strade e piazze, gli spazi pubblici come luoghi di riferimento per tutti gli edifici e come spazi in cui i cittadini si intrattengono e si muovono. Guardiamo le case come se fossero individui riconoscibili (snelle o tozze, basse o alte, povere o ricche) che delimitano e strutturano lo spazio pubblico, e le cui facciate – con basamento e ingresso, con una struttura individuale nella facciata e un'area di copertura di qualsivoglia foggia – rappresentano molto più che semplici edifici o limiti spaziali: diventano vere e proprie quinte nel teatro della città in tutte le loro possibili declinazioni formali.

Lo spazio privato è costituito dalle abitazioni che si sviluppano dietro le facciate con cortili e giardini interni. Se la sintassi architettonica e l'articolazione tra spazi urbani e spazi abitativi non fosse così sistematica e di facile interpretazione, sarebbe impossibile capire perché in epoche e zone molto diverse riesca a persistere in modo tanto evidente questo modello di città, pur in tutte le sue varianti. Mettendo a confronto le immagini (che leggiamo come una sorta di catalogo ragionato di architettura civile, alla cui base una storia specifica si intreccia sempre con la costituzione delle diverse relazioni sociali), salta subito all'occhio la ricchezza di elementi della drammaturgia teatrale con cui viene messo in scena il sistema dell'architettura urbana. L'interazione tra la dimensione ornamentale, il materiale e la tettonica delle case con le relative facciate, la facciata stessa come mezzo di comunicazione e di rappresentanza, la dimensione delle case nel ritmo della melodia spaziale, le forme dei suoi tetti come elementi in grado di plasmare l'orizzonte e l'altezza degli edifici nel loro slancio tra terra e cielo, crea di volta in volta l'identità di una città. Lo spazio urbano non come un contenitore vuoto, ma, con tutti gli strumenti dell'architettura, rivalutato come palcoscenico della vita cittadina, in questo modo, si fa teatro.

Proprio questa interpretazione stratificata di una costellazione elementare (città-casa-strada) e del suo effetto consente, accanto alla sua concezione di base, di considerare ancora oggi illimitati gli elementi costitutivi dell'architettura della città, esattamente come la Modernità prospettava un centinaio di anni or sono (poco dopo la realizzazione della maggior parte delle vedute cittadine riprodotte!). La sua abolizione ha consentito di postulare una rinnovata speranza nella capacità interpretativa degli elementi architettonici per i bisogni attuali, che tengano conto delle tendenze odierne di densità urbana e di protezione del paesaggio, della sostenibilità ecologica e del contenimento dei mezzi di trasporto individuali (solo per citarne alcuni aspetti). Tutto questo senza che, come capita nel caso delle città a misura di automobile, un argomento parziale venga utilizzato per mettere completamente in discussione l'architettura complessiva della città (il pericolo dell'antiurbano si sta ampliando attualmente anche ad opera della cosiddetta »architettura ecologica«). L'ideologizzazione e il culto di quanto è apparentemente »in linea con i tempi« e di cui fa le spese la città e la sua architettura è il problema centrale da quando la Modernità ha costruito il mito del buon selvaggio che percorre con l'automobile decappottabile le verdi praterie. Questa immagine assurda è oggi, dopo 100 anni dedicati al buon selvaggio, tanto obsoleta quanto sono attuali le immagini di questo libro, scattate un centinaio di anni fa e raffiguranti spazi urbani che hanno potuto sviluppare le loro peculiarità per millenni, senza che le regole della loro architettura dovessero essere mai messe seriamente in discussione.

Un enorme spazio di movimento in senso moderno viene reso possibile dalla speranza di rivitalizzare la città e la sua architettura puntando sulla libertà interpretativa: è questa che rimette in gioco le regole e che inscena uno spazio urbano di cui evidenziare le peculiarità estetiche (senza citare la totale libertà nell'organizzare lo spazio abitativo privato). Modernità significa qui soddisfare i criteri qualitativi attuali relativi alla casa e allo spazio in città, compatibili ai modelli storici e alle tipologie. Tutto questo viene stimolato dall'atteggiamento di chi mette senza riserve il progetto della casa al servizio dell'azione che svolge sullo spazio urbano, e di chi riattiva lo spazio pubblico come tema centrale dell'architettura della città.

Ci sono già stati architetti di un'Altra Modernità – tra cui Lubetkin, Perret, Roux-Spitz, Poelzig, Höger, Bonatz, Schmitthenner o, per l'appunto, i milanesi Muzio, Ponti, Portaluppi, De Finetti e altri – ad essere stati nascosti sotto il tappeto della storia in quanto vittime della propaganda e dei processi ad essa indissolubilmente legati di schematizzazione e banalizzazione insiti in ogni movimento di massa (tra cui annoveriamo anche le ideologie della Modernità). Milano, e più precisamente il centro di Milano, che è stato radicalmente stravolto negli anni Venti e Trenta del Ventesimo secolo (ovvero negli stessi anni circa in cui venivano vendute le cartoline qui mostrate), rappresenta simbolicamente non solo quello che definiamo l'Altra Modernità, ma anche tutto quello che abbiamo definito spazio di interpretazione dell'architettura contemporanea in senso moderno: una Modernità che non si stanca di riflettere, pur senza dover eliminare la città come fenomeno architettonico nella sua tradizione culturale. Da questo punto di vista Milano (oggi la grande città della moda) è, accanto a New York, una delle maggiori metropoli dell'architettura urbana moderna. Le foto scattate da Rene Wildgrube nel 2010 e rielaborate con tecniche digitali ad alta definizione sono legate per il modo di vedere e per la qualità scenica alla qualità delle cartoline storiche, analogamente a come l'architettura degli architetti milanesi è connessa alla qualità dell'architettura storica della città, senza per questo scivolare fuori dal proprio tempo. Città e immagine, città e architettura costituiscono una continuità tra passato e futuro che porta con sé l'utopia della città bella in cui le regole determinano il gioco, così come, a sua volta, è il gioco con le regole, nel senso di mutazione permanente di un fenomeno culturale, a determinare l'intervento.

Il progetto »MILANO CONTINUITÀ – i giardini di Porta Romana«, presentato accanto alle immagini, è stato realizzato nel 2009 dagli studenti della Potsdam School of Architecture e, nella forma di un metodo progettuale sistematico, mostra in modo esemplare il potenziale di un'architettura urbana moderna nel suo »assestamento« tra struttura della città, spazio pubblico e spazio abitativo.

1 Colin Rowe, Fred Koetter, *Collage City*, Basel, Boston, Stuttgart 1984
2 Adolph Behne, *Der moderne Zweckbau*, Frankfurt/Main 1964

MILANO CONTINUITÁ

I Giardini di Porta Romana

Un progetto della **Potsdam School of Architecture** – University of Applied Science / FH Potsdam
Sotto la guida del **Prof. Klaus Theo Brenner** e della **Prof. Dr. Annegret Burg**.

Studenti: Matthias Benzke, Katja Haase, Merlin Krüger, Konstantin Linnartz, Enrico Reif, Kristina Schäfer, Tatsiana Shvarts
Assistente: Jens Thränhardt

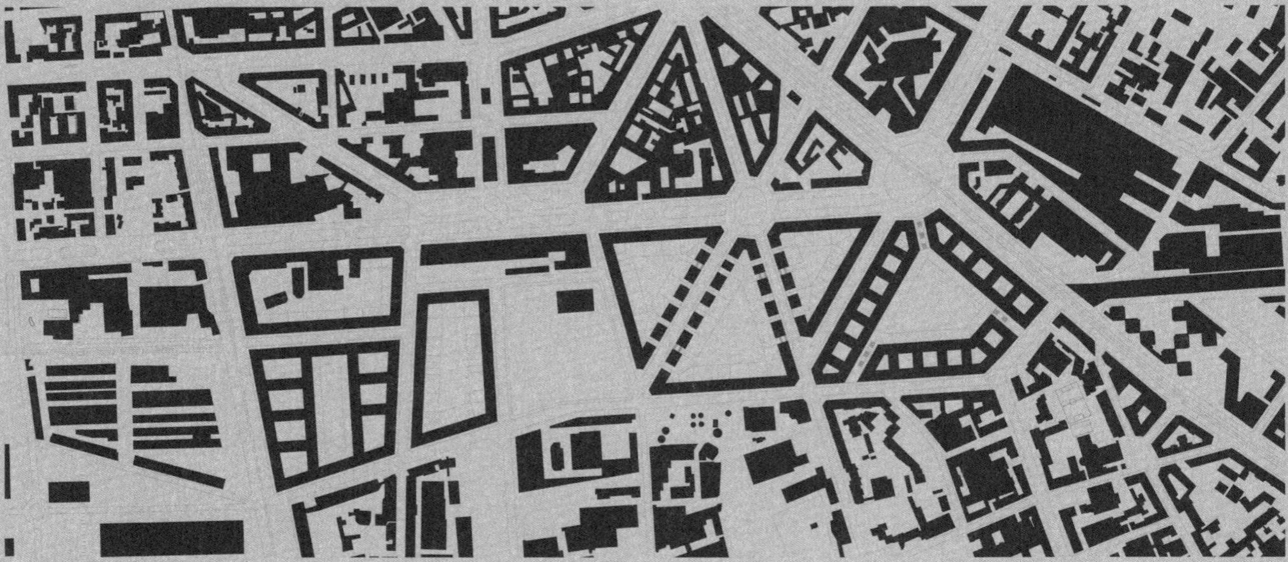

Nell'area ferroviaria dell'ex Scalo di Porta Romana, adiacente alla City Milanese nel lato sud, dovrà sorgere un nuovo quartiere. Il suo sviluppo in continuità col centro della città, la varietà delle sue funzioni, compresa quella residenziale arricchita di estesi giardini, ne determinano il forte carattere urbano. Un terreno fino ad ora estraneo alla città ed escluso dalle consuetudini degli abitanti sarà occupato da spazi e da strutture urbane, creando un luogo per la vita quotidiana. Esso si integrerà con grande naturalezza grazie al suo tessuto, ai suoi spazi, alle sue funzioni negli immediati e più lontani dintorni.

Luogo

A nord dell'area scorre Viale Isonzo, un Boulevard che costituisce un tratto dell'anello viario che circonda la City Milanese.
All'estremità nord-orientale del nuovo quartiere esso attraversa Piazzale Lodi, punto urbanistico nodale che diverrà luogo di accesso alla stazione. Il Piano Beruto del 1884 definiva tanto la circonvallazione quanto la struttura urbana a nord, compresa tra l'anello e i bastioni, che determina un organismo urbano compatto dato il suo tessuto fitto.

Il terreno dell'ex scalo merci è attraversato in direzione Est-Ovest lungo l'asse longitudinale da un tracciato ferroviario leggermente ribassato che costituisce un tratto dell'attuale anello ferroviario; il suo percorso viene mantenuto con due binari. Confinante a sud si trova un quartiere di costruzione alquanto eterogenea che dal bordo della citta si congiunge al Parco Sud. Edifici preesistenti, strutture modificate, nuove costruzioni e singoli spazi verdi generano urbanisticamente ed architettonicamente delle isole più o meno disgiunte tra loro. Rispetto alla densità urbana omogenea del quartiere situato a nord esse definiscono il carattere discontinuo dell'area sotto l'aspetto funzionale, formale e tipologico come in un *Bricolage* che annuncia la periferia.

Progetto – la "città invisibile"

La progettazione intende sovrapporre all'intera area dello Scalo di Porta Romana una struttura continua che si caratterizza tramite strade, isolati, edifici, corti, piazze, parchi e giardini. Il nuovo quartiere si integra coerentemente nel contesto: si riallaccia alla struttura urbana a nord e crea un passaggio verso quella a sud.

Il vocabolario architettonico e urbanistico si ispira ai canoni tradizionali della città europea e al contempo afferma una caratteristica dell'abitare e del quartiere fino ad oggi inconsueta nella metropoli lombarda. Il forte carattere urbano degli spazi pubblici milanesi, associato a vasti giardini interni viene proposto come un concetto urbanistico persistente e duraturo.

Stendendosi sul percorso della ferrovia il nuovo quartiere modula con una leggera pendenza in salita e in discesa una topografia e una silhouette nuove, suggestione ulteriormente accentuata dal digradare degli edifici (la topografia leggermente rialzata del sito torna utile inoltre ai parcheggi sotterranei). A questo progetto è strettamente collegato un particolare interesse concettuale: la completa integrazione nel contesto storico. Il tessuto del nuovo quartiere si differenzia rispetto alla radicalità di molti concetti urbanistici modernisti, inserendosi viceversa discretamente, quasi "invisibile" nel contesto preesistente.

Strade, piazze e parchi – lo spazio pubblico

Lo spazio pubblico è il punto focale del progetto, l'elemento che connette e struttura l'intero nuovo quartiere e che funge da collegamento con l'intorno. Esso si prefissa di riportare le prerogative dell'architettura urbana milanese. In quanto spazio vissuto nonché talvolta frenetica e vivace quinta urbana, lo spazio pubblico diviene oggetto di riferimento per tutti gli edifici del quartiere. L'edificio singolo non è un solista: nel complesso dei fabbricati costituisce lo spazio collettivo, i suoi legami e immagini, le sue funzioni e qualità.

Isolati, giardini e corti – lo spazio privato

Come l'addizione dei singoli edifici definisce con il bordo di strade, piazze e parchi lo spazio urbano, così delimita al suo interno degli ambiti protetti - corti percorribili a piedi. Ci sono "corti verdi" (con Giardini privati o pubblici) ma anche "corti dure" (piazze interne pavimentate) con qualità del luogo pubblico. Il concetto della corte come giardino o piazza conferisce ariosità e determina un'elevata qualità di vita urbana per gli abitanti. Si considera come riferimento nella tradizione dell'urbanistica europea il "Reformblock" ("l'isolato definito dalla riforma"), scaturito agli inizi del primo Moderno berlinese attorno al 1900, con la differenza che l'isolato che noi proponiamo è costituito dall'addizione di singoli edifici con carattere individuale.

L'edificio urbano a schiera - edifici grandi, edifici piccoli

Edifici urbani di dimensioni e tipologie differenti vengono allineati lungo i perimetri degli isolati. Le loro facciate, quella principale sulla strada e quella posteriore verso il giardino o la piazza interna, definiscono lo spazio urbano e instaurano un rapporto con due realtà complementari di alta qualità. Ogni edificio ha uno zoccolo di due piani, un corpo centrale di cinque e un piano attico. Il basamento è rivolto verso la città e contiene nella maggior parte dei casi attività commerciali, molti appartamenti invece godono del duplice affaccio: quello in relazione all'urbanità dello spazio pubblico e quello rivolto allo spazio verde tramite la facciata sul retro e il tetto (con terrazze, giardini pensili e corti verdi).

Indichiamo nel Quartiere "Continuità" sostanzialmente tre tipi di edificio: l'edificio a corte con quattro ali; l'edificio a schiera urbano e il palazzo indipendente. Ogni studente ha sviluppato ognuna delle tipologie sopra citate, con funzioni differenti e collocate in diverse posizioni nel quartiere. L'individualità degli edifici rappresenta simbolicamente l'individualità dei diversi committenti e la divisione in lotti della superficie edificabile.

La tipologia degli edifici a corte e il loro aspetto architettonico si comprendono in riferimento al palazzo classico che ha caratterizzato per secoli l'immagine di Milano. Anche la composizione della facciata, con la tradizionale sovrapposizione orizzontale, con una struttura articolata ricca di chiari-scuro, con materiali durevoli come la pietra, richiamando sottilmente i colori della città, si riferisce alla straordinaria tradizione milanese: alle imponenti case dei Novecenti o all'impressionante forza scultorea della Torre Velasca, annoverati tra i punti più alti del Moderno Europeo. All'attuale "Global Style" che minaccia ovunque nel mondo il volto delle città, rischiando di renderle uguali e anonime, vogliamo contrapporre il richiamo al carattere individuale delle nostre Città Europee.

Prof. Klaus Theo Brenner, Prof. Dr. Annegret Burg
(traduzione Alessandra Saltarin)

Giuseppe de Finetti,
Casa della meridiana, 1925

Giovanni Muzio,
Casa d'abitazione, 1935-1936

Emilio Lancia, Gio Ponti,
Palazzo rasini, 1933-1934

Alberto Alpago Novello,
Casa d'abitazione e ateliers, 1930

Guiseppe Teragni,
Casa rustici, 1935

MILANO CONTINUITÁ POTSDAM SCHOOL OF ARCHITECTURE PROF. KLAUS THEO BRENNER, PROF. DR. ANNEGRET BURG

DIE ARCHITEKTUR DER STADT IST DER HARTE KERN DER STADTKULTUR UND DIE RÄUMLICHE VERFASSUNG UNSERER GESELLSCHAFTLICHEN EXISTENZ

41 BISKRA. — Rue des Ouled-Naïls — LL

CAIRE
Bazar arabe

Bastioni di
Porta Venezia
Corso Venezia

Via Montenapoleone · Corso Giacomo Matteotti

10781–31 TRINITY CHURCH, NEW YORK. ROTARY PHOTO, E.C.

STANDARD OIL BUILDING – NEW YORK CITY

Via delle Ore · Via Santa Tecla

Corso Venezia

Via Carlo Vitadini · Viale Bligny

Via Filippo Turati

ROMA — Via Nazionale

Bologna - Piazza Galvani
& FIGLI

Milano
VIA DANTE.

München Ludwigstrasse

Piazza della Repubblica

90 - BARCELONA
Plaza de Cataluña y Avenida de la Puerta del Angel

15 — VALENCIA. Calle y Torre del Miguelete

HOTEL PIAZZA LODI
BAR

DIE ARCHITEKTUR DER STADT IST BÜHNE UND ÖFFENTLICHER RAUM

HOTEL BOOK-CADILLAC
DETROIT 31, MICHIGAN
FAY M. THOMAS
GENERAL MANAGER

Hotel Pennsylvania,
New York City.

Via Giuseppe Marcora

Corso Vittorio Emanuele II

81 TUNIS - Rue Sidi Ben Arous

Wien, Maria-Stiegen.

Piazza del Duomo · Corso Vittorio Emanuele II

intimissimi
intimissimi

–CAMPUS MARTIUS, DETROIT, MICH.
1569

Regensburg
Altes Rathaus

Genova - Teatro Carlo Felice

L.V. & Cie
9. Alger. Les rampes du boulevard.

Via Giuseppe Mazzini · Via Maurizio Gonzaga · Via Alberico Albricci

TEL DEI CAVALIERI
ROLEX
Ronchi
TRAM
A PASSO D'UOMO

Danzig Die lange Brücke.

Tanger. Alcazaba Tesoreria y Cuerpo de Quardia.

21 — VALENCIA. Vista Parcial

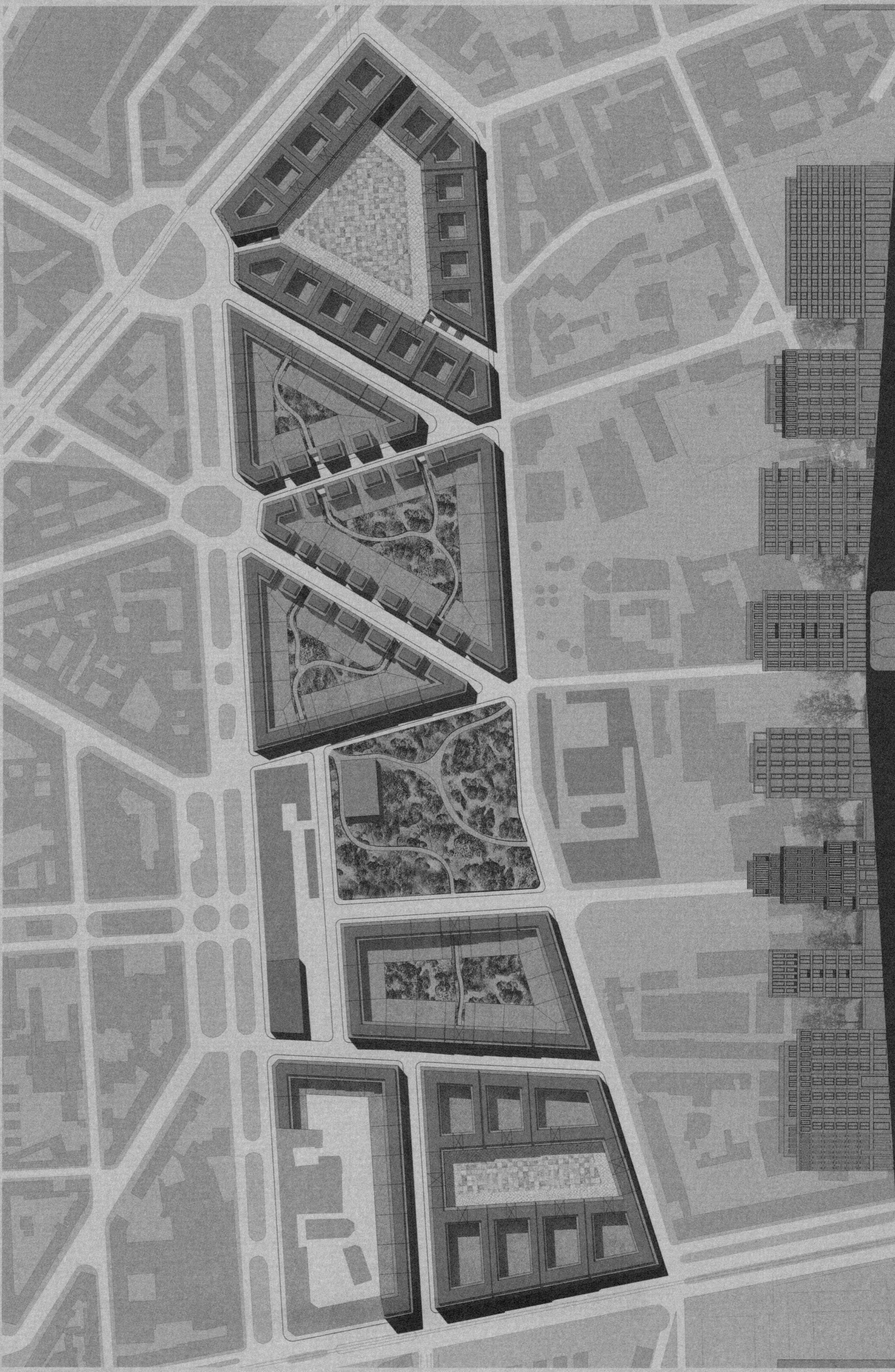

DIE ARCHITEKTUR
DER STADT IST DIE
INS BILD GESETZTE
ORDNUNG DER TEILE
ZUM GANZEN –
VOM STADPLAN
BIS ZUM HAUSDETAIL

Hildesheim
Domschenke

SAN GIMIGNANO
Antico Portone Becci
e Cugnanesi

Via Cardinal Federico Borromeo

Viale Tunisia

DEUTSCHLANDHAUS
Essen. Deutschlandhaus

Hamburg **Chilehaus,** Gigantische Hausecke

Via Cuneo · Piazza Piemonte

Piazza del Duomo

Viale Sabotino

Via Maurizio Gonzaga · Via Alberico Albricci

382 LYON. — *Place et Rue de la République.* — LL.

64 TOULOUSE — *Rue Ozenne et Rue du Languedoc*

Genova - Piazza Corvetto.

BRUXELLES Place de la Bourse

Via Amedeo Principe · Via della Moscova · Via Filippo Turati

249. PARIS (1er arrt) — La Rue de Rivoli
le Jardin des Tuileries et le Louvre C. M.

BERLIN
Friedrichstrasse

Terassenhaus

Loggienhaus

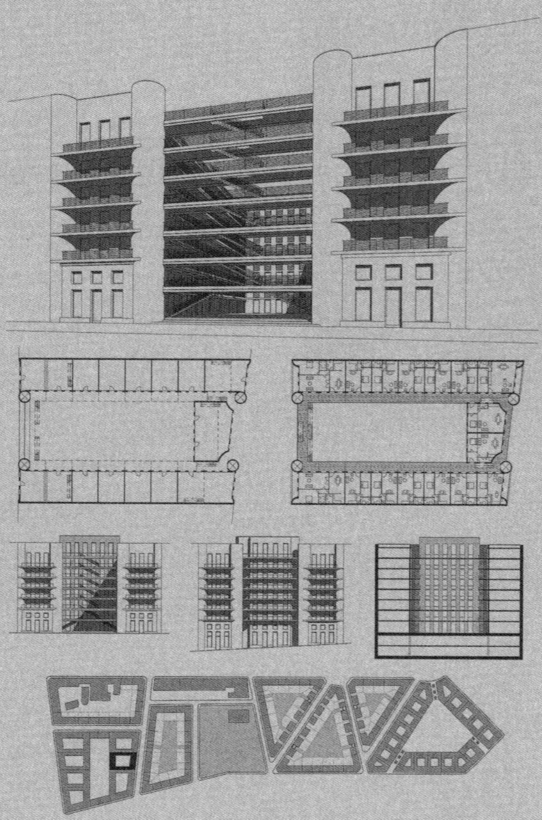

Two Wings

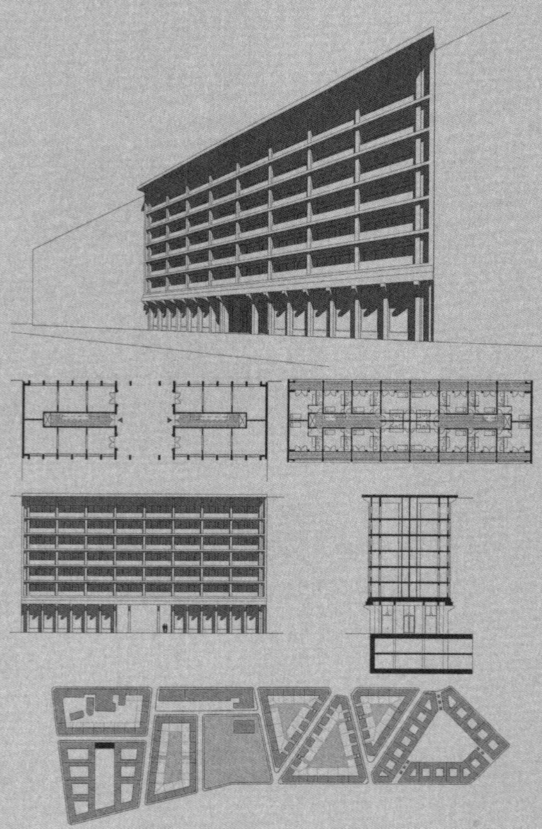

Loggia in Line

DIE ARCHITEKTUR DER STADT IST EINE VERSAMMLUNG VON HÄUSERN BESTIMMTER GRÖSSE UND CHARAKTERISTISCHER TYPOLOGIE

Bologna - Via Zamboni

Genova - Porta di Vacca

Corso Europa · Via Borgogna

Via San Clemente · Via Larga

13044 Bern. Kesslergasse und Münster

Bozen
Laubengasse

Corso Venezia · Corso Giacomo Matteotti

Via Gaetano Giardino · Via Giovanni Falcone · Via Giuseppe Mazzini

Via Giuseppe Marcora · Via Giuseppe Parini

Bastioni di Porta Venezia · Via Aldo Manuzio

Hamburg
Mohlenhof

Hamburg. Sprinkenhof.

Stuttgart, Posthochhaus
2203

·KARL·MARX·HOF·

Via Larga · Via Bergamini · Via Sant'Antonio

FARMACIA

VENEZIA - Piazza S. Marco dai Leoncini

6. - BARCELONA. - Plaza Real
L. Roisin, fot. Barcelona

Dresden, Kgl. Zwinger

45. MADRID - Avenida del Conde Peñalver
L. Roisin, fot. Barcelona

Cornerview

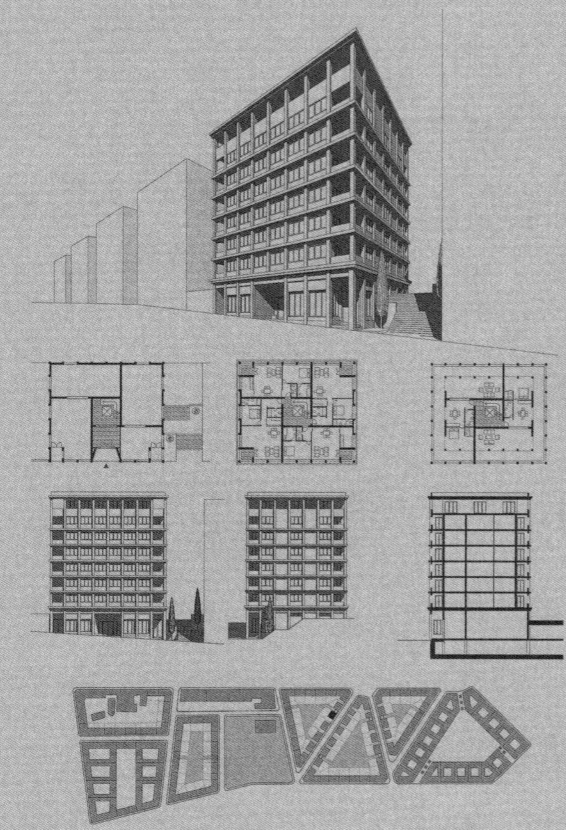

Atriumhotel

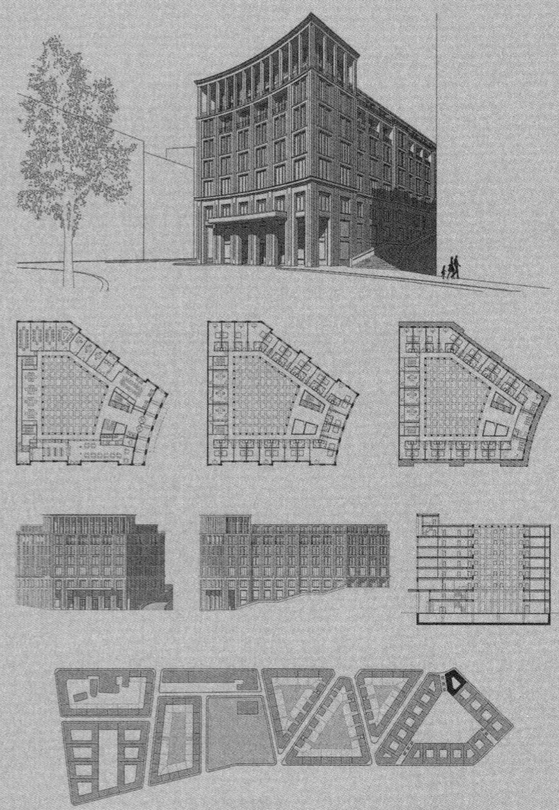

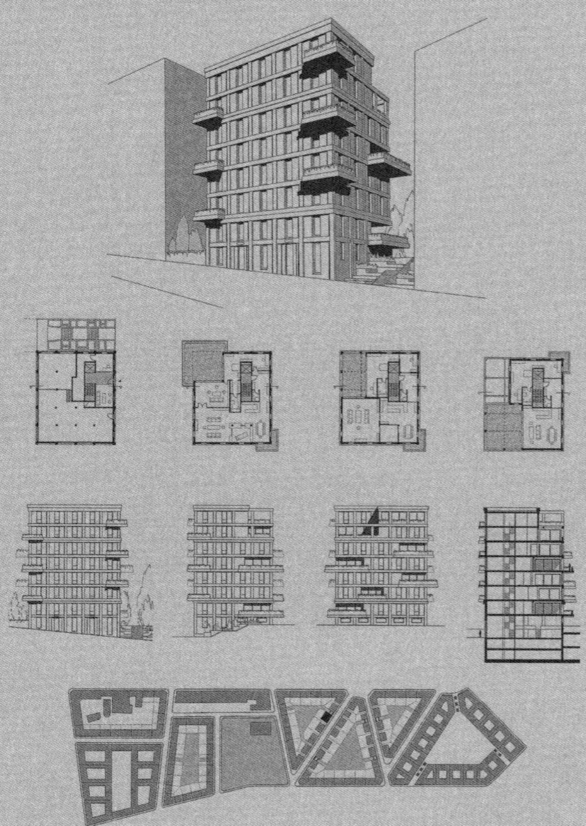

Etagenvilla

Loggienhaus

DIE ARCHITEKTUR DER STADT IST EIN HISTORISCHES PANORAMA MIT DEM POTENTIAL RADIKALER VERGEGENWÄRTIGUNG

115:—HOTEL NEW YORKER, NEW YORK CITY.

27 BROAD, WALL AND NASSAU STREETS,

FINANCIAL CENTER, NEW YORK CITY

3A-H1274

Piazza Eleonora Duse · Via Tommaso Salvini

Viale Vittorio Veneto

Genova - Via Garibaldi

Genova - Via Balbi

area
pedonale

Corso Europa · Via Borgogna

PARIS. - CENTRAL-HOTEL, 40, Rue du Louvre

GRAND HOTEL TERMINUS - 108, RUE St-LAZARE - PARIS

229 — BRUXELLES. *La Rue et l'Eglise Sainte-Gudule.* ND. Phot.

MÜNSTER i. W. Prinzipalmarkt am Markttag

Piazza del Duomo

Gent De Lievekaal en het Gravenkasteel.

NÜRNBERG
Insel Schütt

Bruges
Pont des Augustins

4 BRUGES. — Le Quai du Rosaire et le Beffroi
H. MESTDACH-DE BACKER

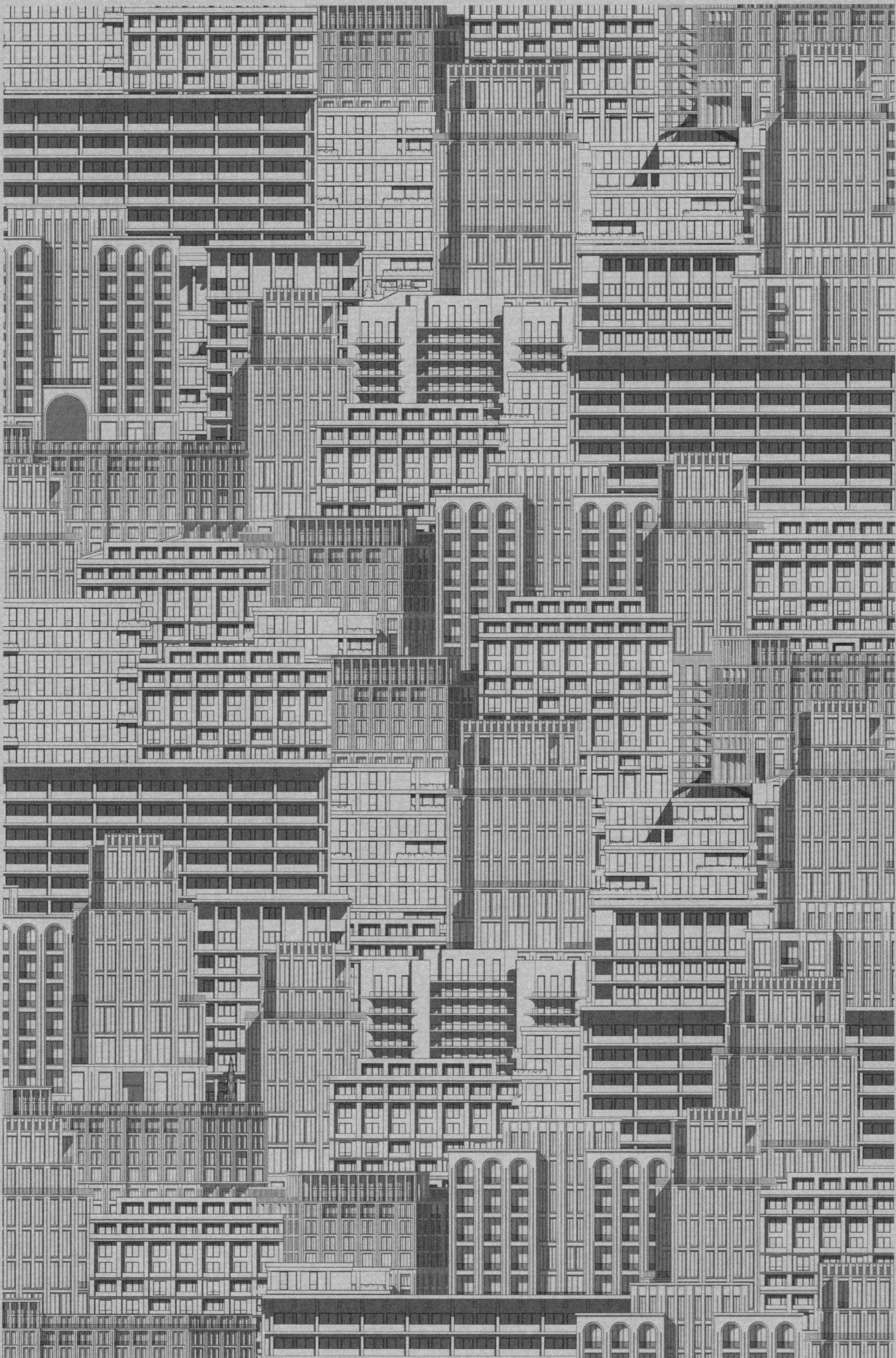

DIE ARCHITEKTUR DER STADT IST DIE SPANNUNG ZWISCHEN ÖFFENTLICHEM UND PRIVATEM RAUM, STRASSE UND WOHNUNG

Stralsund, Semlower Tor.

Bamberg
Alte Residenz

Via Gaetano Giardino

Corso di Porta Romana

H-3428 LOOKING INTO MAIN WAITING ROOM, THE UNION STATION, CHICAGO, ILLINOIS.

No. 12. Genova Galleria Mazzini

Via Torino

Via Cuneo

Via Vitruvio

Via Andrea Appiani

TORINO . VIA ROMA NUOVA
817

Genova - Piazza Colombo - I grattacieli

Stuttgart, Tagblatt Turmhaus 2728

Via Aldo Manuzio · Viale Tunisia

CÁDIZ. Plaza de Isabel II y el Ayuntamiento

50 BARCELONA
RAMBLA DE ESTUDIOS

8. MADRID - Plaza de Canalejas

L. Roisin, fot. Barcelona

Roma - Corso Umberto I

DIE ARCHITEKTUR
DER STADT
IST GEPRÄGT DURCH
DIE FASSADEN
DER HÄUSER,
DAS HAT STIL,
ABER AUCH METHODE

500 Fifth Avenue
Northwest Corner of 42nd St.
New York

2 CITY BANK - FARMERS TRUST CO., NEW YORK CITY

2A-H115

Via Lazzaretto · Viale Tunisia

Via della Moscova

Blankenberghe - Hôtel Suisse.
RESTAURANT
Ascenseur - Chauffage central
Eau courante chaude et froide - Terrasses sur la mer.
EXCELSIOR
BELLE VUE HOTEL
HOTEL SUISSE
HOTEL SUISSE
RIALTO
BIERES DE MALMEDY
CAFE
RESTAURANT

REGENSBURG. Partie an der alten Kapelle.

Bastioni di Porta Venezia · Corso Venezia

ZETA RENT

23. - BOU DENIB. - Place Principale

Siena - Piazza del Campo

62 ALGER - La Médersa - Ecole Supérieure Arabe

WARSCHAU. Alter Markt.

Frankfurt a. M. Römerberg.

Haarlem, Het Groot Heiligland

Palermo
Il Palazzo Reale

Napoli - Porta Capuana

Via Giuseppe Mazzini

FILATELIA
MAZZINI
HOTEL RIC

Danzig.
Jopengasse m. d. Marienkirche

19. Viuda de Calón é Hijo
SALAMANCA: LA CATEDRAL

THIS IS NOT ARCHITECTURE

2186 – A CARLOAD OF BELLFLOWER APPLES FROM
S.P. 56492
Copyright 1910 by Edward H. Mitchell, San Francisco

2194 – A CARLOAD OF BLACKBERRIES FROM
S.P. 79480
Copyright 1910 by Edward H Mitchell, San Francisco

1893
I'M SENDING YOU A LEMON
FROM
S. P. R. R.
81 42 4
Copyright 1910 by Edward H. Mitchell, San Francisco

2192 – A Mammoth Belleflower Apple.
S. P. R. R.
Copyright 1910 by Edw. H. Mitchell, San Francisco

1885 - A CARLOAD OF PEACHES FROM
S.P.
79296
Copyright 1909 by Edw H. Mitchell, San Francisco.

1885 - A CARLOAD OF PEACHES FROM
S.P.
79296
Copyright 1909 by Edw. H. Mitchell, San Francisco.

A Car Load of Oregon Tomatoes.
S. P. 103

1885 – A CARLOAD OF PEACHES FROM
S.P. 79296
Copyright 1909 by Edw H. Mitchell, San Francisco.

2188 – A CARLOAD OF CABBAGES FROM un chou à un chou
S.P. 79482
Copyright 1910 by Edward H. Mitchell, San Francisco

1883 – A CARLOAD OF MAMMOTH NAVEL ORANGES FROM
S.P. 79265
Copyright 1909 by Edward H. Mitchell, San Francisco.

1885 – A CARLOAD OF PEACHES FROM
S.P.
79296
Copyright 1909 by Edw. H. Mitchell, San Francisco.

1885 — A CARLOAD OF PEACHES FROM
S.P.
79296
Copyright 1909 by Edw. H. Mitchell, San Francisco.

1 – A CALIFORNIA WATERMELON.
S. P. 431

2183 – A CARLOAD OF TOMATOES FROM
S. P. R. R.
81 42 4
Copyright 1910 by Edward H. Mitchell, San Francisco

Impressum

Bildnachweis
historische Postkarten – Sammlung Klaus Theo Brenner
This is not Architecture – historische Postkarten und Collagen (Klaus Theo Brenner)
HDR Fotografie – Rene Wildgrube

Italienische Übersetzung: Cecilia Liveriero Lavelli
Englische Übersetzung: Geoffrey Steinherz

Milano Continuita – Entwurfsprojekt an der Potsdam School of Architecture (FHP).
Leitung: Prof. Brenner und Prof. Dr. Annegret Burg
Studenten: Matthias Benzke, Katja Haase, Merlin Krüger,
Konstantin Linnartz, Enrico Reif, Kristina Schäfer, Tatiana Shvarts
Assistent: Jens Thränhardt

www.wasmuth-verlag.de

Druck und Bindung: MEDIALIS Offsetdruck GmbH, Berlin
Printed in Germany

ISBN 978 3 8030 0768 1